TORE, DNA UND JAKOBS LEITER

Geschrieben von
Lindi Masters

Illustriert von
Lizzie Masters

Geschrieben von
Lindi Masters©

Illustriert von
Lizzie Masters©

"TORE, DNA UND JAKOBS LEITER"
Copyright© 2025

Text Lindi Masters
Illustrationen Lizzie Masters
Übersetzt von Susanne Scott und Anne Reising

Titel der Originalausgabe: GATEWAYS, DNA AND JACOB'S LADDER

Ein großer Dank geht an IGNITE KIDZHUB© und an alle teilnehmenden Kinder für ihre künstlerischen Beiträge zu diesem Buch.
Ein besonderer Dank geht an unsere Mentoren und Freunde Ian Clayton und Grant Mahoney, ohne die wir diese himmlischen Bereiche niemals erkundet hätten.

Alle Rechte vorbehalten. Kein Teil dieser Veröffentlichung darf ohne vorherige Genehmigung des Urheberrecht-Inhabers in irgendeiner Form vervielfältigt werden; weder fotokopiert noch mit elektronischen oder mechanischen Mitteln, einschließlich Informationsspeicher- und Abfragesystemen gespeichert, aufgezeichnet oder übertragen werden. Kein Teil dieses Buches, einschließlich der Illustrationen, darf ohne die schriftliche Genehmigung des Herausgebers in irgendeiner Weise verwendet oder reproduziert werden.

Dieses Buch gehört:
_____

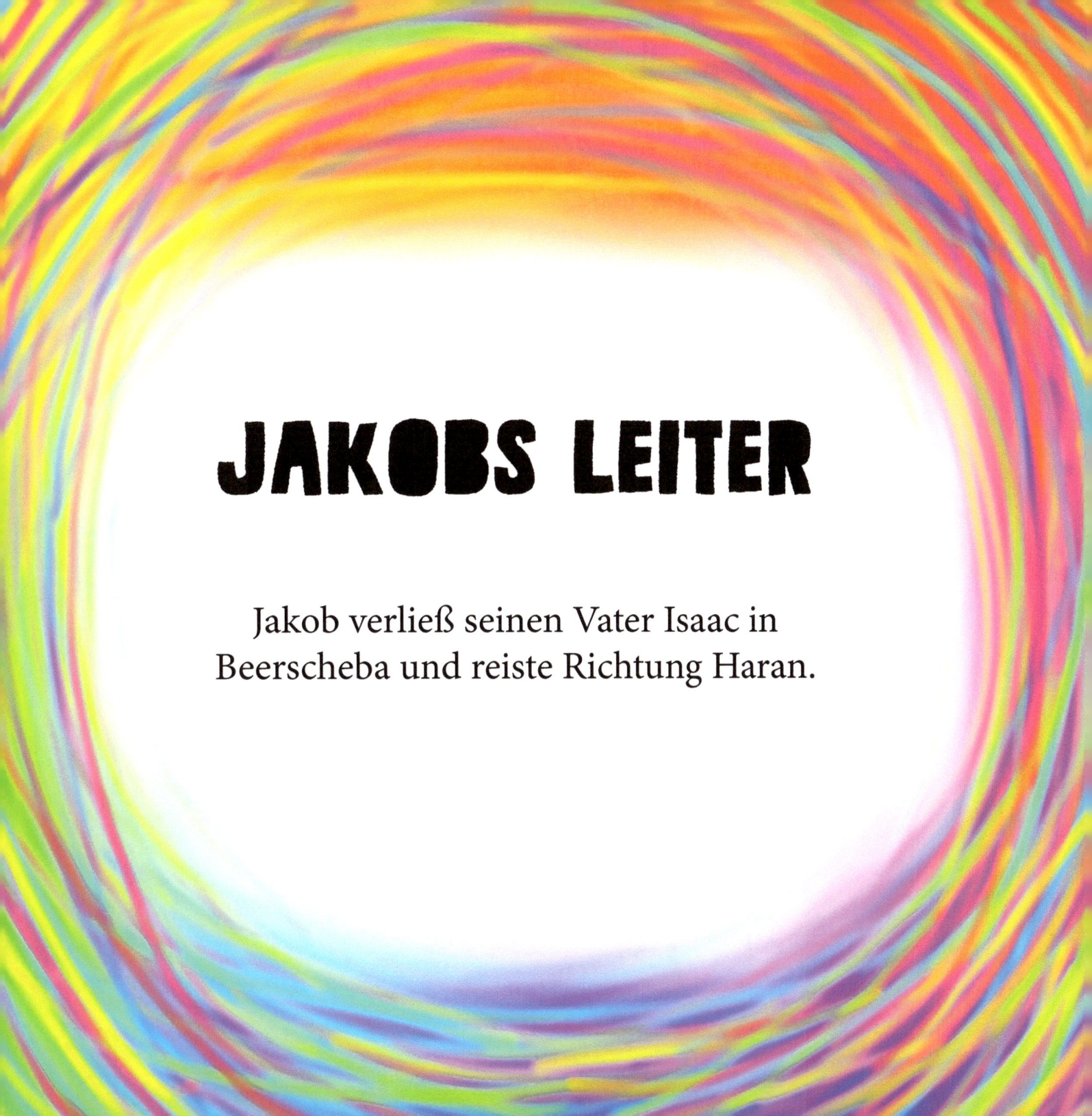

JAKOBS LEITER

Jakob verließ seinen Vater Isaac in Beerscheba und reiste Richtung Haran.

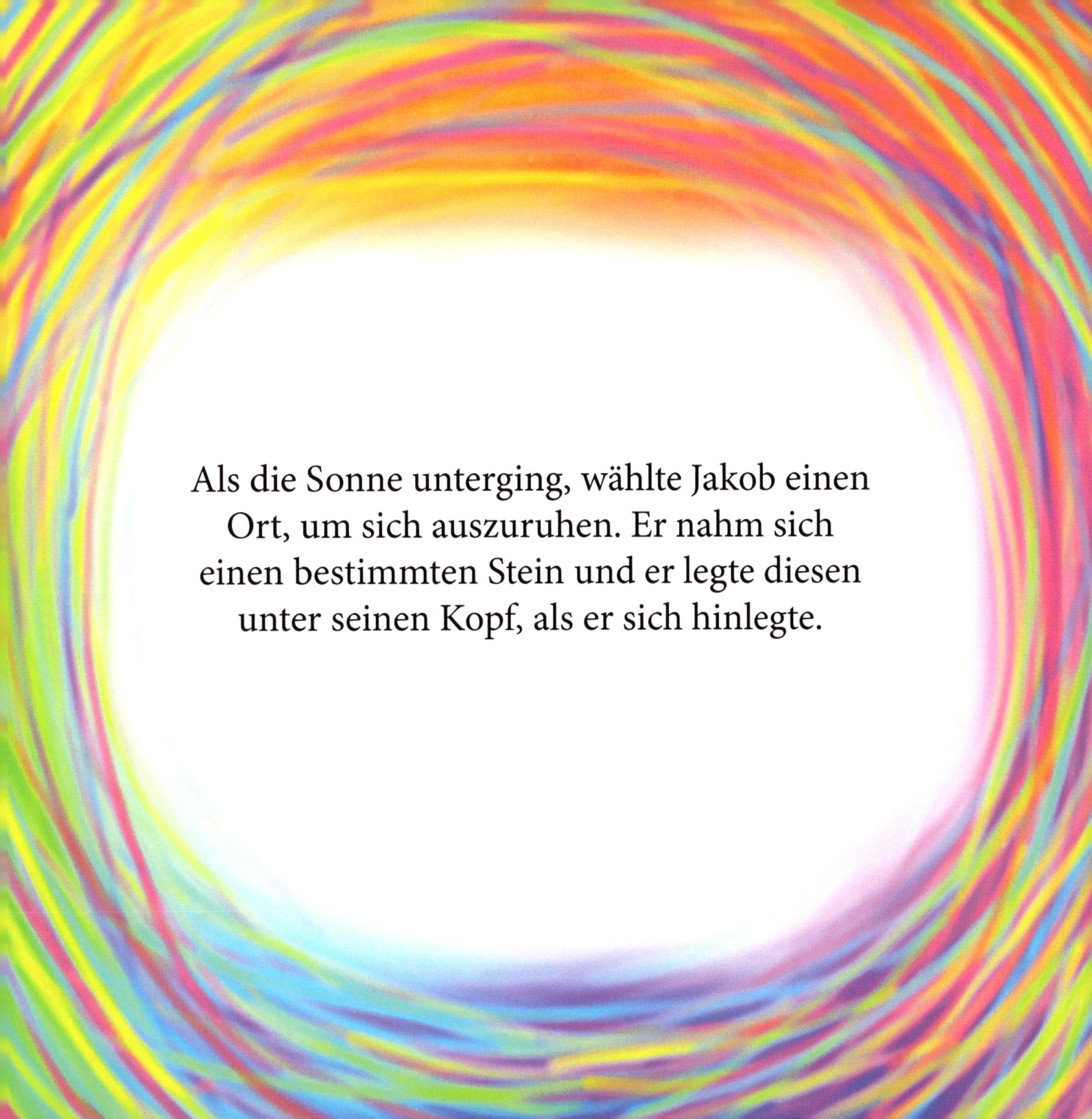

Als die Sonne unterging, wählte Jakob einen Ort, um sich auszuruhen. Er nahm sich einen bestimmten Stein und er legte diesen unter seinen Kopf, als er sich hinlegte.

Einige Zeit, nachdem er eingeschlafen war, träumte er, dass eine Leiter aus ihm heraus auf der Erde aufgestellt wurde. Sie reichte bis in den Himmel. Auf ihr stiegen Engel Jahwes auf und nieder.

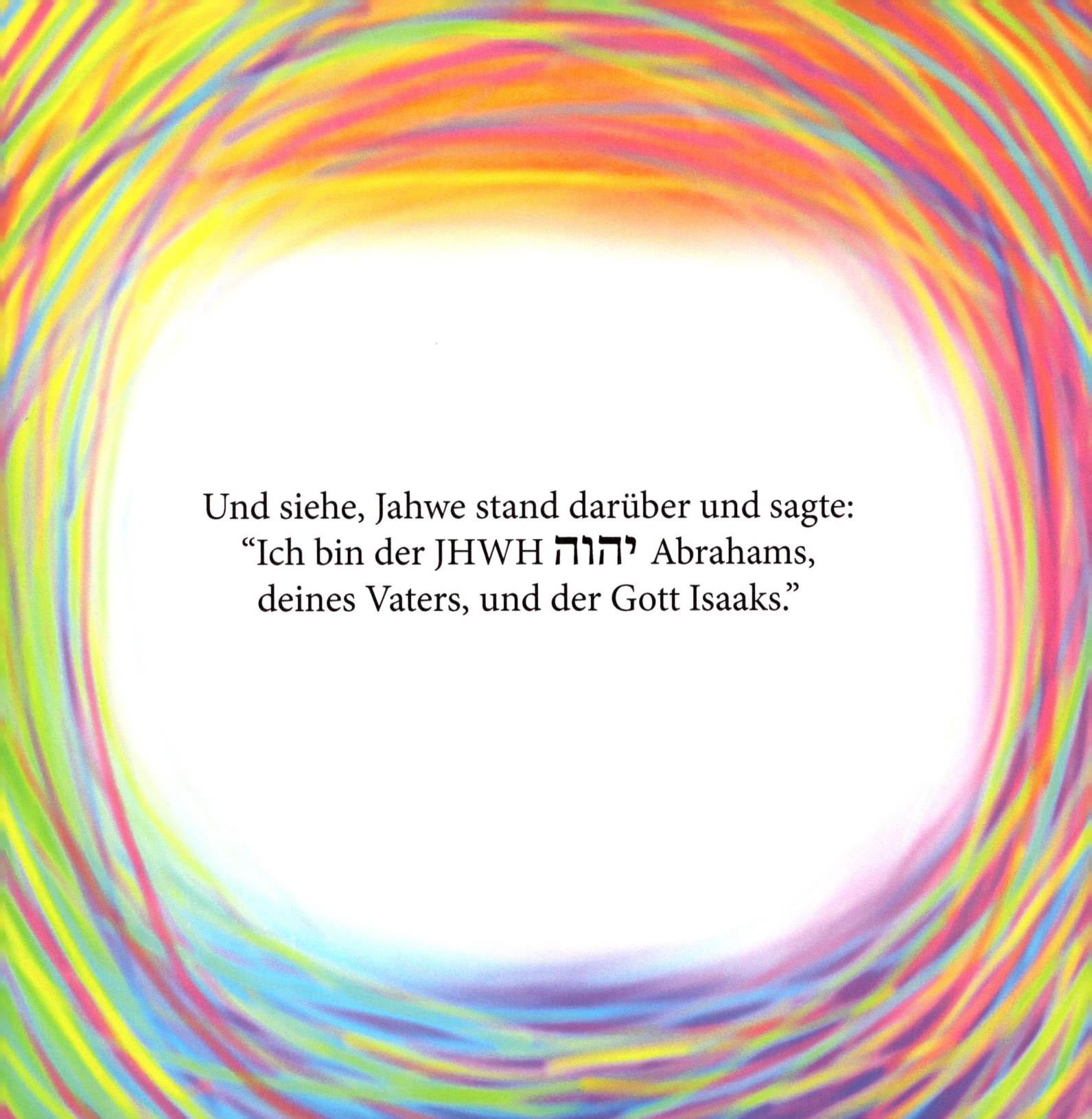

Und siehe, Jahwe stand darüber und sagte:
"Ich bin der JHWH יהוה Abrahams,
deines Vaters, und der Gott Isaaks."

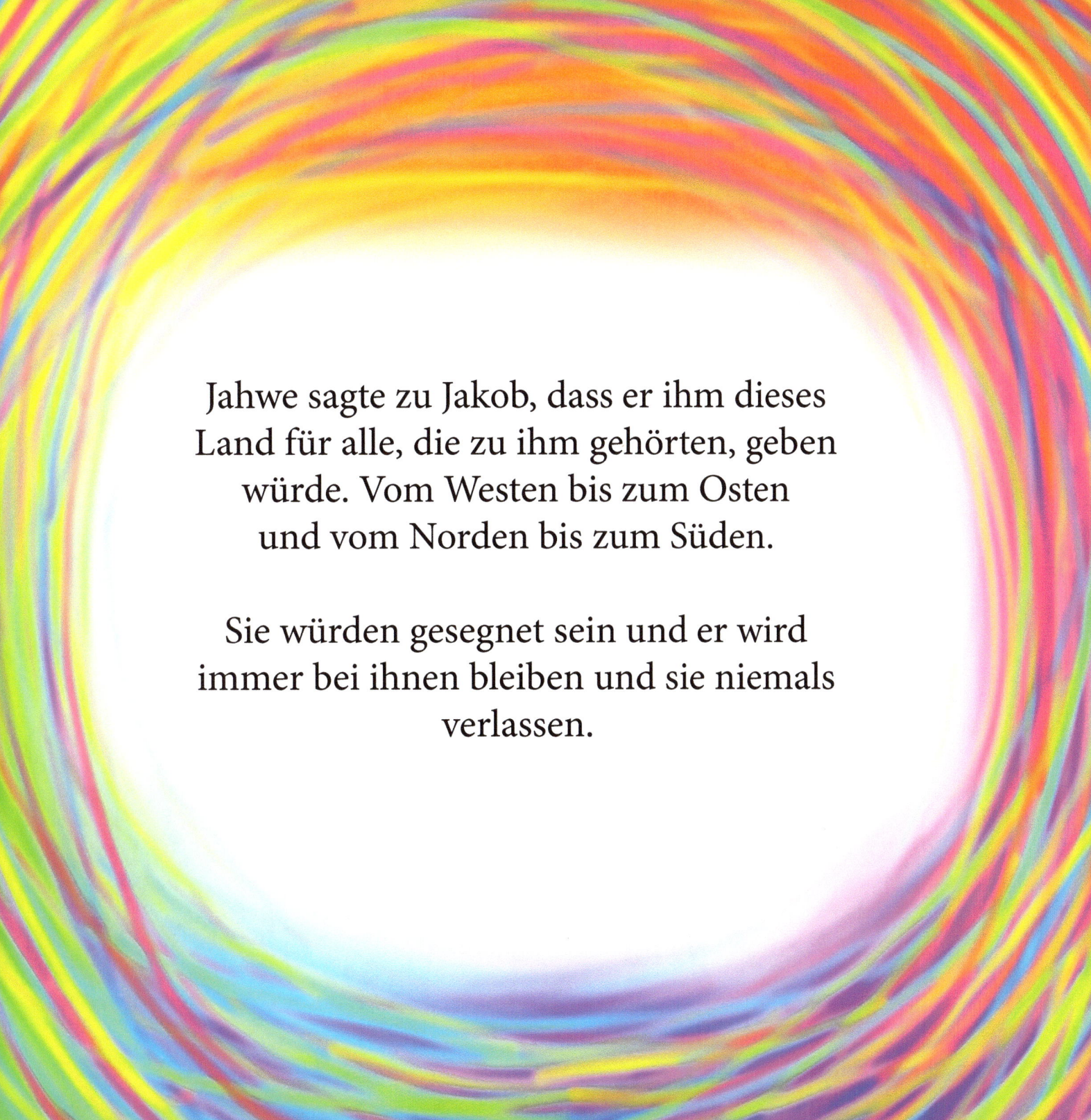

Jahwe sagte zu Jakob, dass er ihm dieses Land für alle, die zu ihm gehörten, geben würde. Vom Westen bis zum Osten und vom Norden bis zum Süden.

Sie würden gesegnet sein und er wird immer bei ihnen bleiben und sie niemals verlassen.

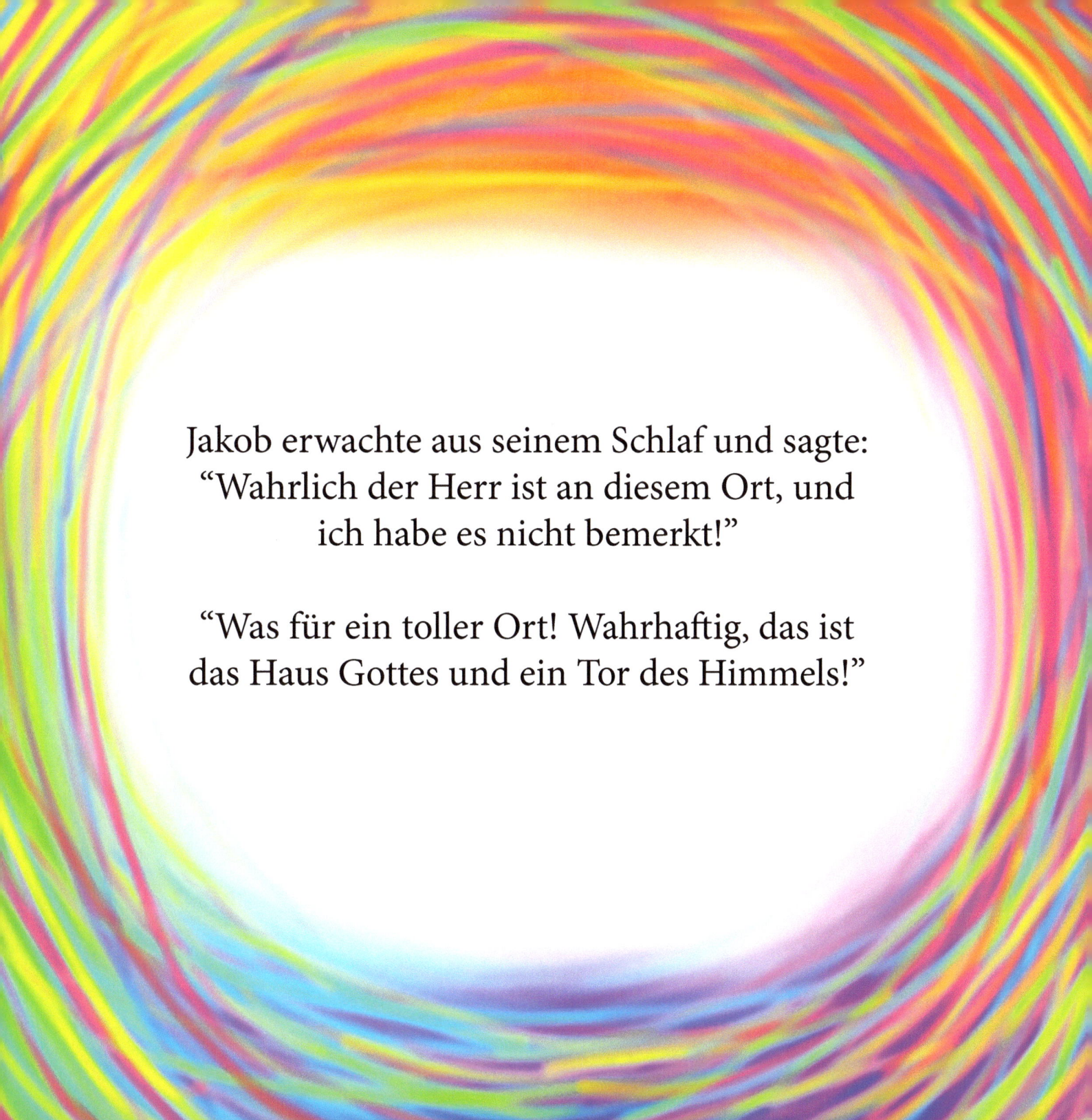

Jakob erwachte aus seinem Schlaf und sagte: "Wahrlich der Herr ist an diesem Ort, und ich habe es nicht bemerkt!"

"Was für ein toller Ort! Wahrhaftig, das ist das Haus Gottes und ein Tor des Himmels!"

Als Jakob früh am Morgen aufstand,
nahm er den Stein und goss Öl darüber.
Den Ort nannte er Bethel.

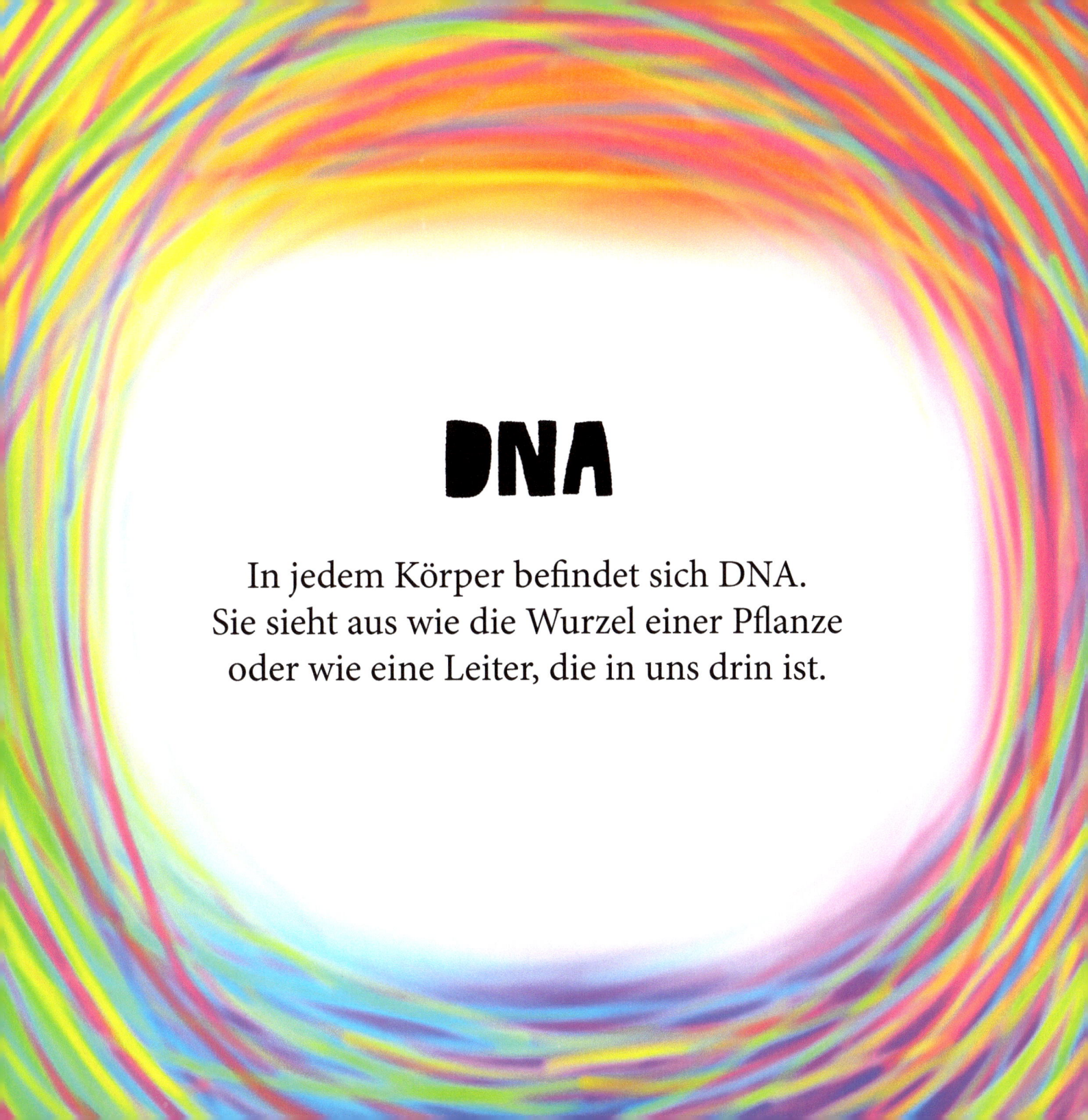

DNA

In jedem Körper befindet sich DNA.
Sie sieht aus wie die Wurzel einer Pflanze
oder wie eine Leiter, die in uns drin ist.

Unsere DNA trägt alle Geschichten unserer Familie und die unserer Vorfahren in sich.

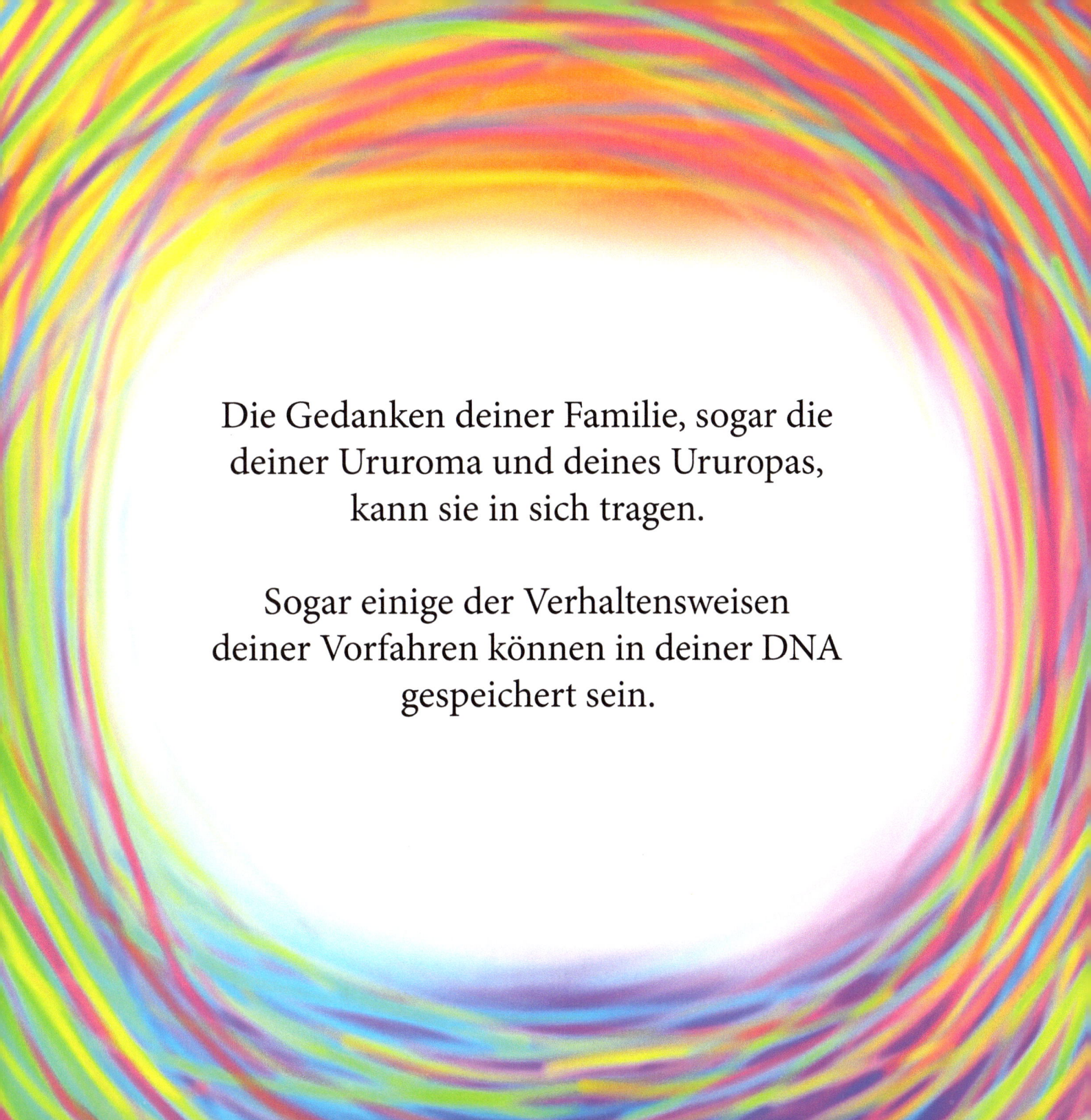

Die Gedanken deiner Familie, sogar die deiner Ururoma und deines Ururopas, kann sie in sich tragen.

Sogar einige der Verhaltensweisen deiner Vorfahren können in deiner DNA gespeichert sein.

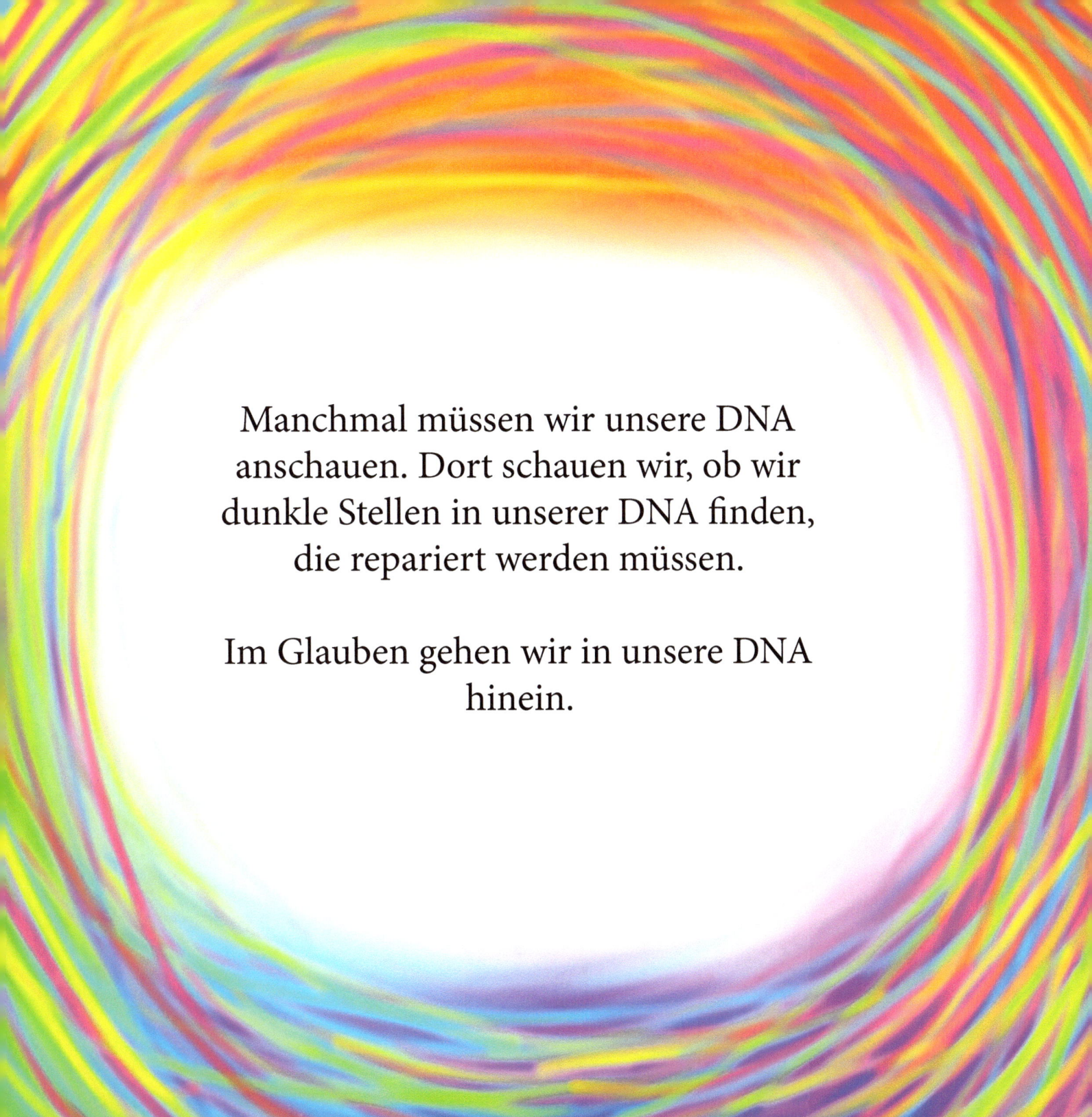

Manchmal müssen wir unsere DNA anschauen. Dort schauen wir, ob wir dunkle Stellen in unserer DNA finden, die repariert werden müssen.

Im Glauben gehen wir in unsere DNA hinein.

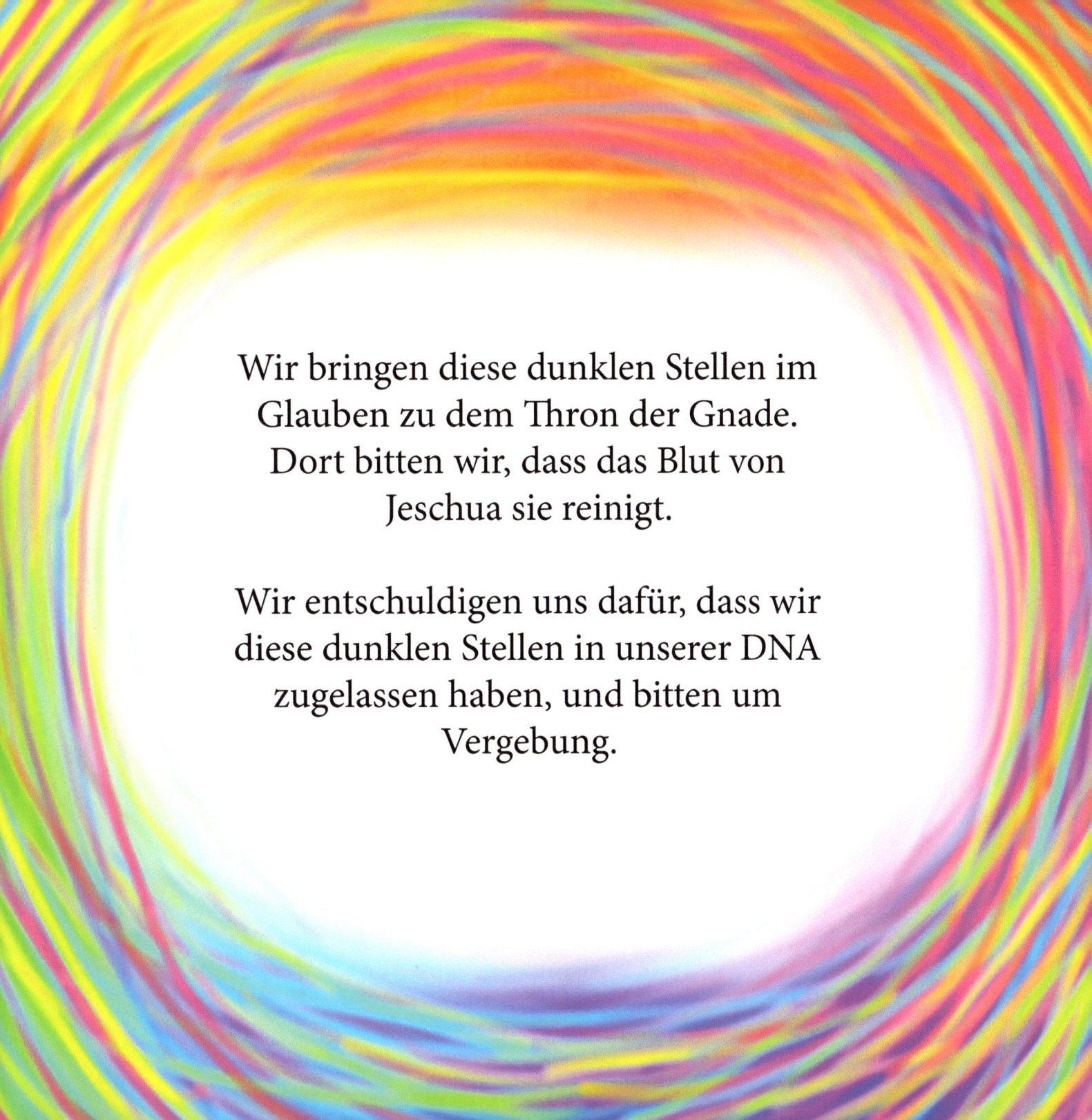

Wir bringen diese dunklen Stellen im Glauben zu dem Thron der Gnade. Dort bitten wir, dass das Blut von Jeschua sie reinigt.

Wir entschuldigen uns dafür, dass wir diese dunklen Stellen in unserer DNA zugelassen haben, und bitten um Vergebung.

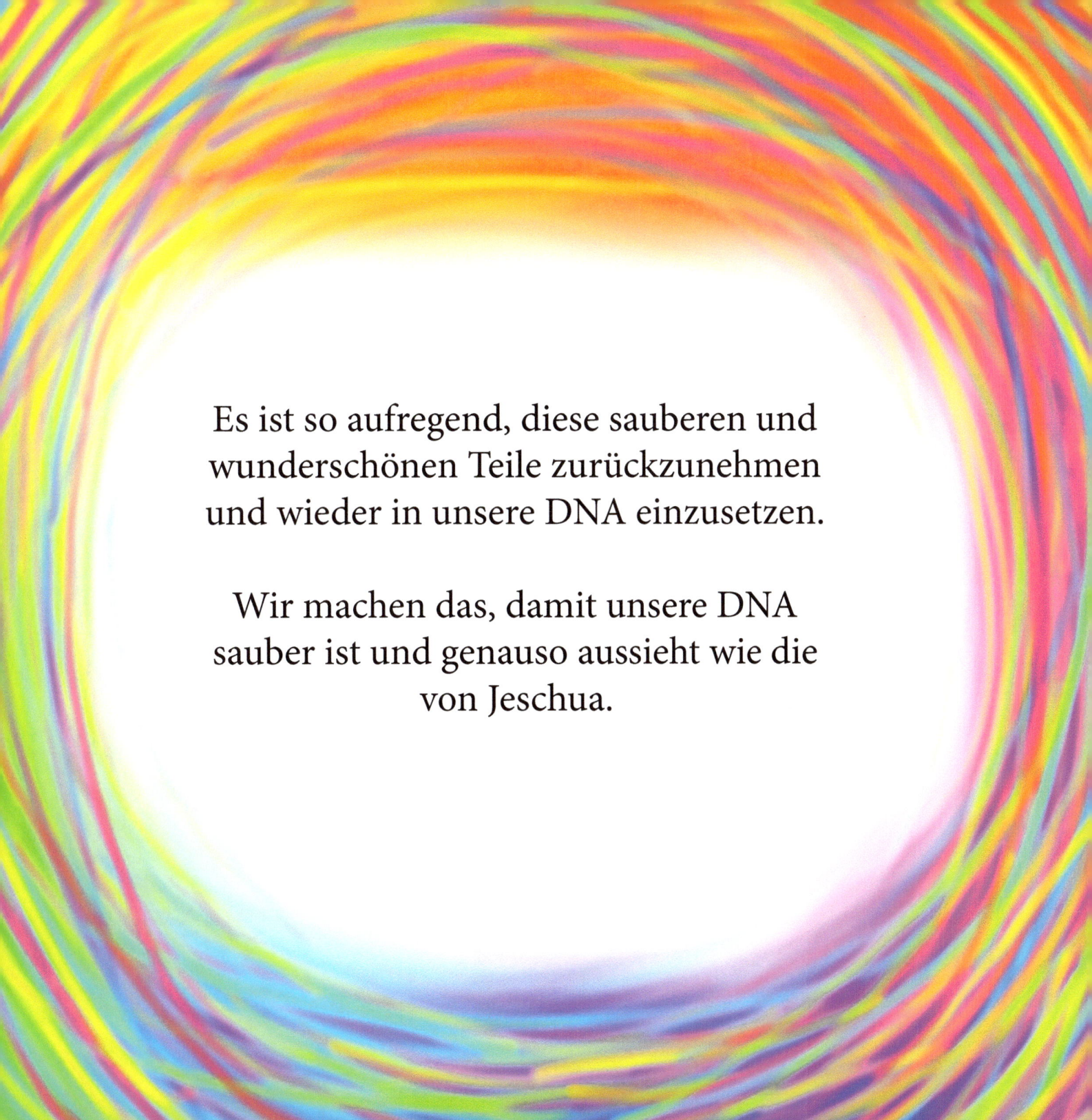

Es ist so aufregend, diese sauberen und wunderschönen Teile zurückzunehmen und wieder in unsere DNA einzusetzen.

Wir machen das, damit unsere DNA sauber ist und genauso aussieht wie die von Jeschua.

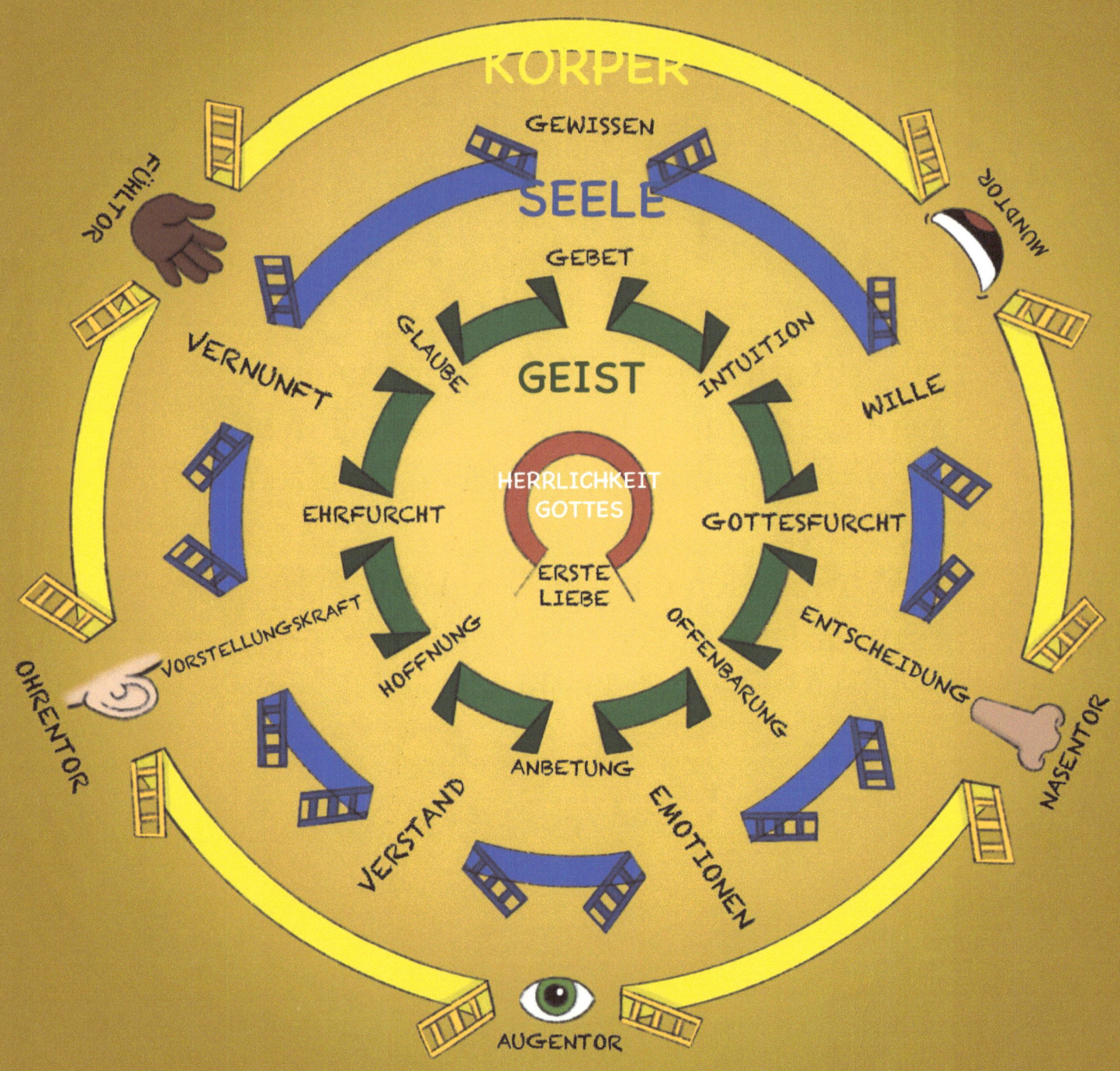

TORE ZU GEIST, SEELE UND KÖRPER

Jeder von uns hat einen Geist, eine Seele und einen Körper.
Jedes von ihnen hat verschiedene Tore.
Manchmal kommt Ha-Satan und schließt diese Tore,
sodass wir nicht richtig in Zion, von wo wir ursprünglich
herkommen, hineinschauen können.

Wir haben das Wort, das Schwert des
Geistes, das Blut von Jeschua und Seinen Namen
יהוה bekommen.
Sie helfen uns, die Tore zu öffnen.

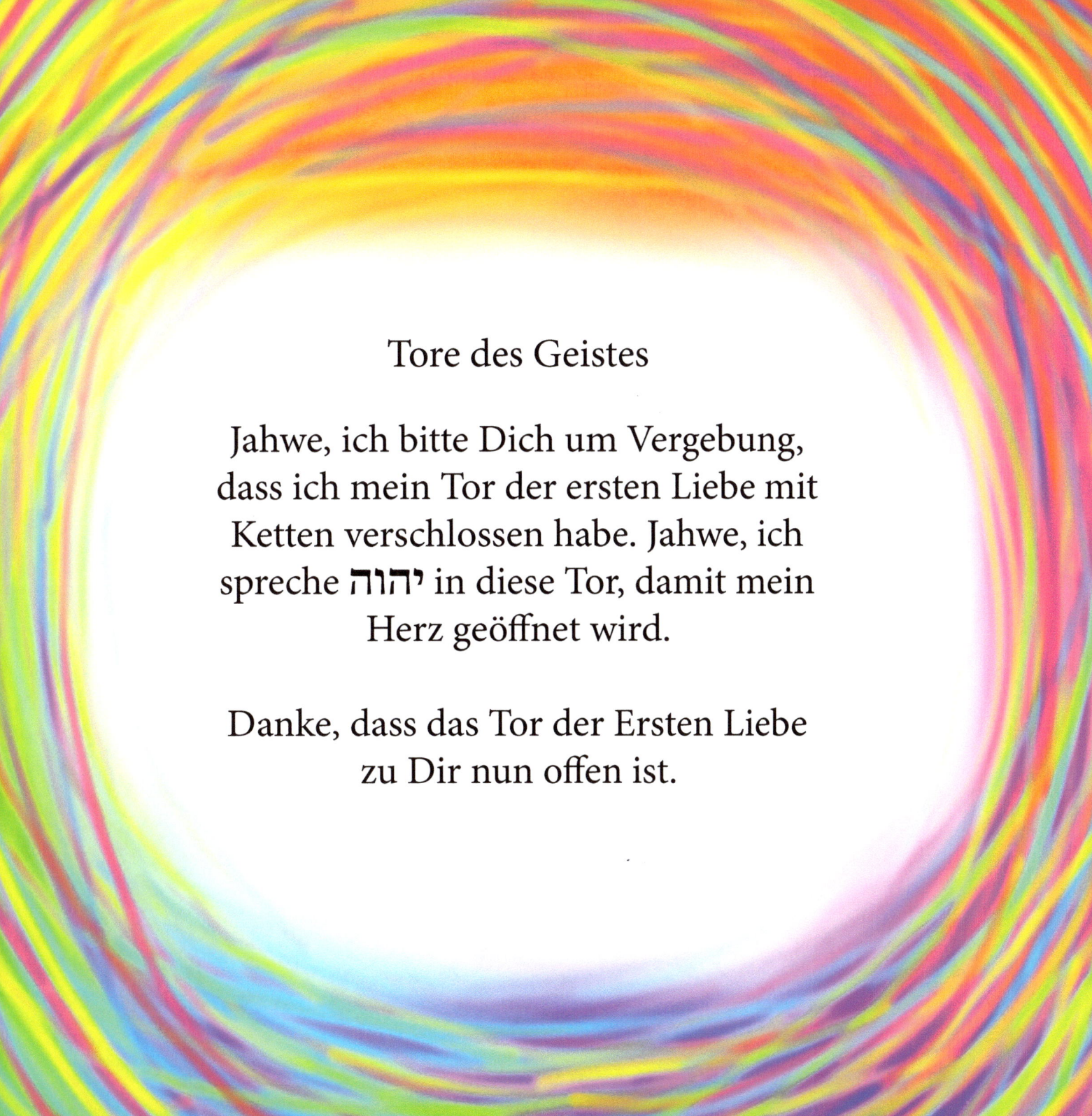

Tore des Geistes

Jahwe, ich bitte Dich um Vergebung, dass ich mein Tor der ersten Liebe mit Ketten verschlossen habe. Jahwe, ich spreche יהוה in diese Tor, damit mein Herz geöffnet wird.

Danke, dass das Tor der Ersten Liebe zu Dir nun offen ist.

Tore der Seele

Jahwe, ich bitte vergib mir, dass ich Ha-Satan erlaubt habe, die Tür der Vorstellungskraft zu besetzen. Ich nehme mein Schwert des Geistes, um all die Drachen und gruseligen Biester zu töten, die sich an meiner Tür festhalten.

Ich reinige meine Tür der Vorstellungskraft, damit diese Tür heilig ist.

Tore des Körpers

Ich entschuldige mich bei Jahwe für die Dinge, die ich mir angeschaut habe.
Jahwe, bitte vergib mir, dass ich mein Augentor benutzt habe, um falsche Sachen anzusehen.

Bitte hilf mir, mein Augentor zu reinigen, damit ich nur auf die Dinge schaue, die Dir gefallen. Ich bedecke es mit dem Blut von Jeschua.

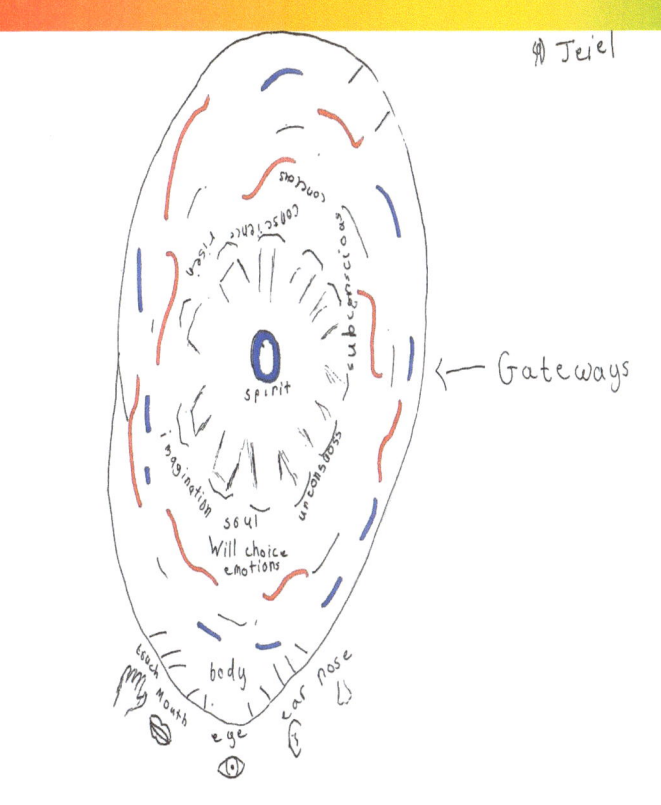

Jeiel (9)
6 & 9

Glory glory

Jacob's Ladder

Das ist das fünfte Buch einer Kindersachbuchreihe, das Kinder ermutigen wird, die Königreiche Jahwes zu erkunden und zu entdecken.

Gemeinsam schauen wir uns die Jakobs Leiter, die DNA und die Tore des Geistes, der Seele und des Körpers genauer an.

www.ingramcontent.com/pod-product-compliance
Lightning Source LLC
Chambersburg PA
CBHW050756110526
44588CB00002B/20